Wenn die goldenen Zeiten kommen –
Herbstzeitlese mit Theodor Fontane

Überlass es der Zeit

Erscheint dir etwas unerhört,
bist du tiefsten Herzens empört,
bäume nicht auf, versuch's nicht mit Streit,
berühr es nicht, überlass es der Zeit.
Am ersten Tage wirst du feige dich schelten,
am zweiten lässt du dein Schweigen schon gelten,
am dritten hast du's überwunden,
alles ist wichtig nur auf Stunden,
Ärger ist Zehrer und Lebensvergifter,
Zeit ist Balsam und Friedensstifter.

Wenn die goldenen Zeiten kommen

HerbstZeitLese
mit Theodor Fontane

benno

Bibliografische Information der Deutschen Nationalbibliothek
Die Deutsche Nationalbibliothek verzeichnet diese
Publikation in der Deutschen Nationalbibliografie;
detaillierte bibliografische Daten sind im Internet unter
http://dnb.d-nb.de abrufbar.

Besuchen Sie uns im Internet:
www.st-benno.de

Gern informieren wir Sie unverbindlich und aktuell
auch in unserem Newsletter zum Verlagsprogramm,
zu Neuerscheinungen und Aktionen.
Einfach anmelden unter www.st-benno.de

ISBN 978-3-7462-5562-0

© St. Benno Verlag GmbH, Leipzig
Zusammenstellung: Volker Bauch, Gößnitz
Umschlaggestaltung: Rungwerth Design, Düsseldorf
Umschlagmotiv: © ArtColibris/Shutterstock
Gesamtherstellung: Kontext, Dresden (A)

Inhaltsverzeichnis

Wenn du kommst, du goldener Herbst

O du wunderschöner Herbst,
wie du die Blätter golden färbst,
deiner reinen Luft, so klar und still,
noch einmal ich mich freuen will.

Herbstgefühl

Rot und gelbe Herbsteslehnen
an der Berge blauem Joch
und wie Frühlingsgruß und Sehnen
Astern blühen und Verbenen,
aber ach, wie lange noch?!

Und aus dunkeltiefer Stelle
unter Schäumen und Gepoch
an des Tages heitre Helle
bricht hervor die Waldesquelle,
aber ach, wie lange noch?!

Und so schwindet hin das Leben,
schwindet, und du liebst es doch.
Wieder regt sich Stolz und Streben,
und der *Wunsch* kommt auf daneben –
aber ach, wie lange noch?!

Herbst

O du wunderschöner Herbst,
wie du die Blätter golden färbst,
deiner reinen Luft, so klar und still,
noch einmal ich mich freuen will.

Ich geh den Wald, den Weiher entlang;
es schweigt das Leben, es schweigt Gesang,
ich hemme den Schritt, ich hemme den Lauf,
Erinnerungen ziehen herauf.

Erinnerungen sehen mich an,
haben es wohl auch sonst getan.
Nur eins hält nicht mehr damit Schritt.
Lachende Zukunft geht nicht mehr mit.

Vergangenheit hält mich in ihrem Bann,
Vergangenheit hat mir's angetan;
den Blick in den Herbst, den hab ich frei,
den Blick in den Herbst. Aber der Mai?

Herbstmorgen

Die Wolken ziehn, wie Trauergäste,
den Mond still – abwärts zu geleiten;
der Wind durchfegt die starren Äste
und sucht ein Blatt aus bessren Zeiten.

Die grünen Tannen schaun so düster
auf eine jung geknickte Eiche,
als blickten traurige Geschwister
auf der geliebten Schwester Leiche.

Schon flattern in der Luft die Raben,
des Winters unheilvolle Boten;
bald wird er tief in Schnee begraben
die Erde, seinen großen Toten.

Ein Bach läuft hastig mir zur Seite,
es bangt ihn vor des Eises Ketten,
drum stürzt er fort und sucht das Weite,
als könnt' ihm Flucht das Leben retten.

Da mocht' ich länger nicht inmitten
so todesnaher Öde weilen;
es trieb mich fort, mit hast'gen Schritten
dem flücht'gen Bache nachzueilen.

Herr von Ribbeck auf Ribbeck im Havelland

Herr von Ribbeck auf Ribbeck im Havelland,
ein Birnbaum in seinem Garten stand,
und kam die goldene Herbsteszeit
und die Birnen leuchteten weit und breit,
da stopfte, wenn's Mittag vom Turme scholl,
der von Ribbeck sich beide Taschen voll,
und kam in Pantinen ein Junge daher,
so rief er: „Junge, wiste 'ne Beer?"
Und kam ein Mädel, so rief er: „Lütt Dirn,
kumm man röwer, ick hebb 'ne Birn."

So ging es viel Jahre, bis lobesam
der von Ribbeck auf Ribbeck zu sterben kam.
Er fühlte sein Ende. 's war Herbsteszeit,
wieder lachten die Birnen weit und breit,
da sagte von Ribbeck: „Ich scheide nun ab.
Legt mir eine Birne mit ins Grab."
Und drei Tage drauf, aus dem Doppeldachhaus,

trugen von Ribbeck sie hinaus,
alle Bauern und Bündner, mit Feiergesicht
sangen „Jesus, meine Zuversicht"
und die Kinder klagten, das Herze schwer:
„He is dod nu. Wer giwt uns nu 'ne Beer?"

So klagten die Kinder. Das war nicht recht,
ach, sie kannten den alten Ribbeck schlecht,
der neue freilich, der knausert und spart,
hält Park und Birnbaum strenge verwahrt,
Aber der alte, vorahnend schon
und voll Misstrauen gegen den eigenen Sohn,

der wusste genau, was damals er tat,
als um eine Birn' ins Grab er bat,
und im dritten Jahr aus dem stillen Haus
ein Birnbaumsprössling sprosst heraus.

Und die Jahre gehen wohl auf und ab,
längst wölbt sich ein Birnbaum über dem Grab,
und in der goldenen Herbsteszeit
leuchtet's wieder weit und breit.
Und kommt ein Jung' übern Kirchhof her,
so flüstert's im Baume: „Wiste 'ne Beer?"
Und kommt ein Mädel, so flüstert's: „Lütt Dirn,
kumm man röwer, ick gew' di 'ne Birn."

So spendet Segen noch immer die Hand
des von Ribbeck auf Ribbeck im Havelland.

Unterm Birnbaum

Vor dem in dem großen und reichen Oderbruch-dorfe Tschechin um Michaeli 20 eröffneten *Gasthaus und Materialwarengeschäft von Abel Hradscheck* (so stand auf einem über der Tür angebrachten Schilde) wurden Säcke, vom Hausflur her, auf einen mit zwei magern Schimmeln bespannten Bauerwagen geladen. Einige von den Säcken waren nicht gut gebunden oder hatten kleine Löcher und Ritzen, und so sah man denn an dem, was herausfiel, dass es Rapssäcke waren. Auf der Straße neben dem Wagen aber stand Abel Hradscheck selbst und sagte zu dem eben vom Rad her auf die Deichsel steigenden Knecht: „Und nun vorwärts, Jakob, und grüße mir Ölmüller Quaas. Und sag ihm, bis Ende der Woche müsst' ich das Öl haben, Leist in Wriezen warte schon. Und wenn Quaas nicht da ist, so bestelle der Frau meinen Gruß und sei hübsch manierlich. Du weißt ja Bescheid. Und weißt auch, Kätzchen hält auf Komplimente."

Der als Jakob Angeredete nickte nur statt aller

Antwort, setzte sich auf den vordersten Raps-
sack und trieb beide Schimmel mit einem schläfri-
gen „Hüh" an, wenn überhaupt von Antreiben die
Rede sein konnte. Und nun klapperte der Wagen
nach rechts hin den Fahrweg hinunter, erst auf
das Bauer Orthsche Gehöft samt seiner Wind-
mühle (womit das Dorf nach der Frankfurter Seite
hin abschloss) und dann auf die weiter draußen
am Oderbruchdamm gelegene Ölmühle zu. Hradscheck sah dem Wagen nach, bis er verschwun-
den war, und trat nun erst in den Hausflur zurück.
Dieser war breit und tief und teilte sich in zwei
Hälften, die durch ein paar Holzsäulen und zwei
dazwischen ausgespannte Hängematten von-
einander getrennt waren. Nur in der Mitte hatte
man einen Durchgang gelassen. An dem Vorflur
lag nach rechts hin das Wohnzimmer, zu dem eine
Stufe hinaufführte, nach links hin aber der Laden,
in den man durch ein großes, fast die halbe Wand
einnehmendes Schiebefenster hineinsehen konnte. Früher war hier die Verkaufsstelle gewesen,
bis sich die zum Vornehmtun geneigte Frau Hradscheck das Herumtrampeln auf ihrem Flur verbe-
ten und auf Durchbruch einer richtigen Ladentür,
also von der Straße her, gedrungen hatte. Seitdem

zeigte dieser Vorflur eine gewisse Herrschaftlichkeit, während der nach dem Garten hinausführende Hinterflur ganz dem Geschäft gehörte. Säcke, Zitronen- und Apfelsinenkisten standen hier an der einen Wand entlang, während an der andern übereinandergeschichtete Fässer lagen, Ölfässer, deren stattliche Reihe nur durch eine zum Keller hinunterführende Falltür unterbrochen war. Ein sorglich vorgelegter Keil hielt nach rechts und links hin die Fässer in Ordnung, sodass die untere Reihe durch den Druck der oben aufliegenden nicht ins Rollen kommen konnte.

So war der Flur. Hradscheck selbst aber, der eben die schmale, zwischen den Kisten und Ölfässern freigelassene Gasse passierte, schloss, halb ärgerlich, halb lachend, die trotz seines Verbotes mal wieder offen stehende Falltür und sagte: „Dieser Junge, der Ede. Wann wird er seine fünf Sinne beisammen haben!"

Und damit trat er vom Flur her in den Garten.

Hier war es schon herbstlich, nur noch Astern und Reseda blühten zwischen den Buchsbaumrabatten, und eine Hummel umsummte den Stamm eines alten Birnbaums, der mitten im Garten hart neben dem breiten Mittelsteige stand. Ein paar

Möhrenbeete, die sich, samt einem schmalen mit Kartoffeln besetzten Ackerstreifen, an eben dieser Stelle durch eine Spargelanlage hinzogen, waren schon wieder umgegraben, eine frische Luft ging, und eine schwarzgelbe, der nebenan wohnenden Witwe Jeschke zugehörige Katze schlich, mutmaßlich auf der Sperlingssuche, durch die schon hoch in Samen stehenden Spargelbeete.

Hradscheck aber hatte dessen nicht acht. Er ging vielmehr rechnend und wägend zwischen den Rabatten hin und kam erst zu Betrachtung und Bewusstsein, als er, am Ende des Gartens angekommen, sich umsah und nun die Rückseite sei-

nes Hauses vor sich hatte. Da lag es, sauber und freundlich, links die sich von der Straße her bis in den Garten hineinziehende Kegelbahn, rechts der Hof samt dem Kuchenhaus, das er erst neuerdings an den Laden angebaut hatte. Der kaum vom Winde bewegte Rauch stieg sonnenbeschienen auf und gab ein Bild von Glück und Frieden. Und das alles war sein! Aber wie lange noch? Er sann ängstlich nach und fuhr aus seinem Sinnen erst auf, als er, ein paar Schritte von sich entfernt, eine große, durch ihre Schwere und Reife sich von selbst ablösende Malvasierbirne mit eigentümlich dumpfem Ton aufklatschen hörte. Denn sie war nicht auf den harten Mittelsteig, sondern auf eins der umgegrabenen Möhrenbeete gefallen. Hradscheck ging darauf zu, bückte sich und hatte die Birne kaum aufgehoben, als er sich von der Seite her angerufen hörte:

„Dag, Hradscheck. Joa, et wahrd nu Tied. De Malvesieren kümmen all von sülwst."

Er wandte sich bei diesem Anruf und sah, dass seine Nachbarin, die Jeschke, deren kleines, etwas zurückgebautes Haus den Blick auf seinen Garten hatte; von drüben her über den Himbeerzaun kuckte.

„Ja, Mutter Jeschke, 's wird Zeit", sagte Hradscheck. „Aber wer soll die Birnen abnehmen? Freilich, wenn Ihre Line hier wäre, die könnte helfen. Aber man hat ja keinen Menschen und muss alles selbst machen."

„Na. Se hebben joa doch den Jungen, den Ede."

„Ja, den hab' ich. Aber der pflückt bloß für sich."

„Dat sall woll sien", lachte die Alte. „Een in't Töppken, een in't Kröppken."

Und damit humpelte sie wieder nach ihrem Hause zurück, während auch Hradscheck wieder vom Garten her in den Flur trat.

Hier sah er jetzt nachdenklich auf die Stelle, wo vor einer halben Stunde noch die Rapssäcke gestanden hatten, und in seinem Auge lag etwas, als wünsch' er, sie stünden noch am selben Fleck oder es wären neue statt ihrer aus dem Boden gewachsen. Er zählte dann die Fässerreihe, rief, im Vorübergehen; einen kurzen Befehl in den Laden hinein und trat gleich danach in seine gegenübergelegene Wohnstube.

Diese machte neben ihrem wohnlichen zugleich einen eigentümlichen Eindruck, und zwar, weil alles in ihr um vieles besser und eleganter war, als sich's für einen Krämer und Dorfmaterialisten schickte. Die zwei kleinen Sofas waren mit einem hellblauen Atlasstoff bezogen, und an dem Spiegelpfeiler stand ein schmaler Trumeau, weißlackiert und mit Goldleiste. Ja, das in einem Mahagonirahmen über dem kleinen Klavier hängende Bild (allem Anscheine nach ein Stich nach Claude Lorrain) war ein Sonnenuntergang mit Tempeltrümmern und antiker Staffage, sodass man sich füglich fragen durfte, wie das alles hierherkomme? Passend war eigentlich nur ein Stehpult mit einem Gitteraufsatz und einem Guckloch darüber, mithilfe dessen man, über den Flurweg, auf das große Schiebefenster sehen konnte.

Hradscheck legte die Birne vor sich hin und blätterte das Kontobuch durch, das aufgeschlagen auf dem Pulte lag. Um ihn her war alles still, und nur aus der halb offen stehenden Hinterstube vernahm er den Schlag einer Schwarzwälder Uhr.

Es war fast, als ob das Ticktack ihn störe, wenigstens ging er auf die Tür zu, anscheinend um sie zu schließen; als er indes hineinsah, nahm er überrascht wahr, dass seine Frau in der Hinterstube saß, wie gewöhnlich schwarz aber sorglich gekleidet, ganz wie jemand, der sich auf Figurmachen und Toilettendinge versteht. Sie flocht eifrig an einem Kranz, während ein zweiter, schon fertiger an einer Stuhllehne hing.

„Du hier, Ursel! Und Kränze! Wer hat denn Geburtstag?"

„Niemand. Es ist nicht Geburtstag. Es ist bloß Sterbetag, Sterbetag deiner Kinder. Aber du vergisst alles. Bloß dich nicht."

„Ach, Ursel, lass doch. Ich habe meinen Kopf voll Wunder. Du musst mir nicht Vorwürfe machen. Und dann die Kinder. Nun ja, sie sind tot, aber ich kann nicht trauern und klagen, dass sie's sind. Umgekehrt, es ist ein Glück."

„Ich verstehe dich nicht."

„Und ist nur zu gut zu verstehn. Ich weiß nicht aus noch ein und habe Sorgen über Sorgen."

„Worüber? Weil du nichts Rechtes zu tun hast und nicht weißt, wie du den Tag hinbringen sollst. Hinbringen, sag' ich, denn ich will dich nicht kränken und von Zeittotschlagen sprechen. Aber sage selbst, wenn drüben die Weinstube voll ist, dann fehlt dir nichts. Ach, das verdammte Spiel, das ewige Knöcheln und Tempeln. Und wenn du noch glücklich spieltest! Ja, Hradscheck, das muss ich dir sagen, wenn du spielen willst, so spiele wenigstens glücklich. Aber ein Wirt, der *nicht* glücklich spielt, muss davonbleiben, sonst spielt er sich von Haus und Hof. Und dazu das Trinken, immer der schwere Ungar, bis in die Nacht hinein."

Er antwortete nicht, und erst nach einer Weile nahm er den Kranz, der über der Stuhllehne hing, und sagte: „Hübsch. Alles, was du machst, hat Schick. Ach, Ursel, ich wollte, du hättest bessere Tage."

Dabei trat er freundlich an sie heran und streichelte sie mit seiner weißen, fleischigen Hand.

Sie ließ ihn auch gewähren, und als sie, wie beschwichtigt durch seine Liebkosungen, von ihrer Arbeit aufsah, sah man, dass es ihrer Zeit eine sehr schöne Frau gewesen sein musste, ja, sie war es beinah noch. Aber man sah auch, dass sie viel erlebt hatte, Glück und Unglück, Lieb' und Leid, und durch allerlei schwere Schulen gegangen war. Er und sie machten ein hübsches Paar und waren gleichaltrig, Anfang Vierzig, und ihre Sprech- und Verkehrsweise ließ erkennen, dass es eine Neigung gewesen sein musste, was sie vor länger oder kürzer zusammengeführt hatte.

Der herbe Zug, den sie bei Beginn des Gesprächs gezeigt, wich denn auch mehr und mehr, und endlich fragte sie: „Wo drückt es wieder? Eben hast du den Raps weggeschickt, und wenn Leist das Öl hat, hast du das Geld. Er ist prompt auf die Minute."

„Ja, das ist er. Aber ich habe nichts davon, alles ist bloß Abschlag und Zins. Ich stecke tief drin und leider am tiefsten bei Leist selbst. Und dann kommt die Krakauer Geschichte, der Reisende von Olszewski-Goldschmidt und Sohn. Er kann jeden Tag da sein."

Hradscheck zählte noch anderes auf, aber ohne dass es einen tieferen Eindruck auf seine Frau gemacht hätte. Vielmehr sagte sie langsam und mit gedehnter Stimme: „Ja, Würfelspiel und Vogelstellen ..."

„Ach, immer Spiel und wieder Spiel! Glaube mir, Ursel, es ist nicht so schlimm damit, und jedenfalls mach ich mir nichts draus. Und am wenigsten aus dem Lotto; 's ist alles Torheit und weggeworfen Geld, ich weiß es, und doch hab ich wieder ein Los genommen. Und warum? Weil ich heraus will, weil ich heraus muss, weil ich uns retten möchte."

„So, so", sagte sie, während sie mechanisch an dem Kranze weiterflocht und vor sich hinsah, als überlege sie, was wohl zu tun sei.

„Soll ich dich auf den Kirchhof begleiten", frug er, als ihn ihr Schweigen zu bedrücken anfing. „Ich tu's gern, Ursel."

Sie schüttelte den Kopf.

„Warum nicht?"

„Weil, wer den Toten einen Kranz bringen will, wenigstens an sie gedacht haben muss."

Und damit erhob sie sich und verließ das Haus, um nach dem Kirchhof zu gehen.

Hradscheck sah ihr nach, die Dorfstraße hinauf, auf deren roten Dächern die Herbstsonne flimmerte. Dann trat er wieder an sein Pult und blätterte.

Aus der Novelle „Unterm Birnbaum"

Haus Forsteck

Gelb wird das Laub, es rötet sich die Frucht,
in blauer Stille liegt die Kieler Bucht,
es schweigt der Wind, die Fläche zittert kaum,
und nur die Möwen sind wie Wellenschaum.

Und hier am Ufer, aus der Waldesnacht
uralter Eichen hell ein Giebel lacht,
ein heller Giebel und ein helles Haus,
und wie von Tauben fliegt es ein und aus,
in Blumen steht es Lenz' und Herbsteszeit
ein sichtbar Zeichen seiner Gastlichkeit.

Das Gittertor am Parke schließt sich nie,
die hohen Fenster, „komm nur" sprechen sie,
und Virchow kommt und feiert Nachkongress,
Stockhausen kommt und schwelgt in Fug' und
   Mess',

und Niepa kommt, vom Zeitungsdienste müd,
und Lindau kommt im Glanz von „Nord und Süd"
und einer noch (es zögerte sein Fuß)
im Abschieds-Augenblick … und hier – sein Gruß.

Es dunkelte schon

Es dunkelte schon, als sie landeten.

„Lass uns diesen Tisch nehmen", sagte Botho, während sie wieder unter die Veranda traten: „Hier trifft dich kein Wind, und ich bestelle dir einen Grog oder Glühwein, nicht wahr? Ich sehe ja, du hast es kalt."

Er schlug ihr noch allerlei andres vor, aber Lene bat, auf ihr Zimmer gehn zu dürfen, wenn er dann komme, sei sie wieder munter. Sie sei nur angegriffen und brauche nichts, und wenn sie nur Ruhe habe, so werd es vorübergehen.

Damit verabschiedete sie sich und stieg in die mittlerweile hergerichtete Giebelstube hinauf, begleitet von der in durchaus irrigen Vermutungen befangenen Wirtin, die sofort neugierig fragte, was es denn eigentlich sei, und, einer Antwort unbedürftig, im selben Augenblicke fortfuhr: ja, das sei so bei jungen Frauen, das wisse sie von sich selber, und eh ihr Ältester geboren wurde (jetzt habe sie schon vier und eigentlich fünf, aber der mittelste sei zu früh gekommen und gleich tot), da hätte sie's auch gehabt. Es flög einen so an und sei dann wie zum Sterben. Aber eine Tasse Melissentee, das heißt Klostermelisse, da fiele es gleich wieder ab, und man sei mit eins wieder wie 'n Fisch im Wasser und ordentlich aufgekratzt und fidel und ganz zärtlich. „Ja, ja, gnäd'ge Frau, wenn erst so vier um einen rumstehn, ohne dass ich den kleinen Engel mitrechne …"

Lene bezwang nur mit Müh' ihre Verlegenheit und bat, um wenigstens etwas zu sagen, um etwas Melissentee, Klostermelisse, wovon sie auch schon gehört habe.

Während oben in der Giebelstube dies Gespräch geführt wurde, hatte Botho Platz genommen, aber nicht innerhalb der windgeschützten Veranda, sondern an einem urwüchsigen Brettertisch, der, in Front derselben, auf vier Pfählen aufgenagelt war und einen freien Blick hatte. Hier wollt er sein Abendbrot einnehmen. Er bestellte sich denn auch ein Fischgericht, und als der „Schlei mit Dill", wofür das Wirtshaus von alter Zeit her ein Renommee hatte, aufgetragen wurde, kam der Wirt, um zu fragen, welchen Wein der Herr Baron, er gab ihm diesen Titel auf gut Glück hin, beföhle? „Nun ich denke", sagte Botho, „zu dem delikaten Schlei passt am besten ein Brauneberger oder sagen wir lieber ein Rüdesheimer und zum Zeichen, dass er gut ist, müssen Sie sich zu mir setzen und bei Ihrem eigenen Weine mein Gast sein."

Der Wirt verbeugte sich unter Lächeln und kam bald danach mit einer angestaubten Flasche zurück, während die Magd, eine hübsche Wendin in Friesrock und schwarzem Kopftuch, auf einem Tablett die Gläser brachte.

„Nun lassen Sie sehn", sagte Botho. „Die Flasche verspricht alles mögliche Gute. Zu viel Staub und Spinnweb ist allemal verdächtig, aber diese hier ... Ah, superbe. Das ist 70er, nicht wahr? Und nun lassen Sie uns anstoßen, ja auf was? Auf das Wohl von Hankels Ablage."

Der Wirt war augenscheinlich entzückt, und Botho, der wohl sah, welchen guten Eindruck er machte, fuhr deshalb in dem ihm eigenen leichten und leutseligen Tone fort: „Ich find es reizend hier, und nur eins lässt sich gegen Hankels Ablage sagen: der Name."

„Ja", bestätigte der Wirt, „der Name, der lässt viel zu wünschen übrig und ist eigentlich ein Malheur für uns. Und doch hat es seine Richtigkeit damit, Hankels Ablage war nämlich wirklich eine Ablage und so heißt es denn auch so."

„Gut. Aber das bringt uns nicht weiter. Warum hieß es Ablage? Was ist Ablage?"

„Nun, wir könnten auch sagen: Aus- und Einladestelle. Das ganze Stück Land hier herum" (und er wies nach rückwärts) „war nämlich immer ein großes Dominium und hieß unter dem Alten Fritzen und auch früher schon unter dem Soldatenkönige die Herrschaft Wusterhausen. Und es gehörten wohl an die dreißig Dörfer dazu, samt Forst und Heide. Nun sehen Sie, die dreißig Dörfer, die

schafften natürlich was und brauchten was, oder was dasselbe sagen will, sie hatten Ausfuhr und Einfuhr, und für beides brauchten sie von Anfang an einen Hafen- oder Stapelplatz und konnte nur noch zweifelhaft sein, welche Stelle man dafür wählen würde. Da wählten sie *diese* hier, diese Bucht wurde Hafen, Stapelplatz, ‚Ablage' für alles, was kam und ging, und weil der Fischer, der damals hier wohnte, beiläufig mein Ahnherr, Hankel hieß, so hatten wir eine ‚Hankels Ablage'."

„Schade", sagte Botho, „dass man's nicht jedem so rund und nett erklären kann", und der Wirt, der sich hierdurch ermutigt fühlen mochte, wollte fortfahren. Eh er aber beginnen konnte, hörte man einen Vogelschrei hoch oben in den Lüften, und als Botho neugierig hinaufsah, sah er, dass zwei mächtige Vögel, kaum noch erkennbar, im Halbdunkel über der Wasserfläche hinschwebten.

„Waren das wilde Gänse?"

„Nein, Reiher. Die ganze Forst hier herum ist Reiherforst. Überhaupt ein rechter Jagdgrund, Schwarzwild und Damwild in Massen, und in dem Schilf und Rohr hier Enten, Schnepfen und Bekassinen."

„Entzückend", sagte Botho, in dem sich der Jäger regte. „Wissen Sie, dass ich Sie beneide. Was tut schließlich der Name? Enten, Schnepfen, Bekassinen. Es überkommt einen eine Lust, dass man's auch so gut haben möchte. Nur einsam muss es hier sein, zu einsam."

Der Wirt lächelte vor sich hin und Botho, dem es nicht entging, wurde neugierig und sagte: „Sie lächeln. Aber ist es nicht so? Seit einer halben Stunde hör ich nichts als das Wasser, das unter dem Steg hingluckst, und in diesem Augenblick oben den Reiherschrei. Das nenn ich einsam, so hübsch es ist. Und dann und wann ziehn ein paar große Spreekähne vorüber, aber alle sind einander gleich oder sehen sich wenigstens ähnlich. Und eigentlich ist jeder wie ein Gespensterschiff. Eine wahre Totenstille."

„Gewiss", sagte der Wirt. „Aber doch alles nur, solang es dauert."

„Wie das?"

„Ja", wiederholte der Gefragte, „solang es dauert. Sie sprechen von Einsamkeit, Herr Baron, und tagelang ist es auch wirklich einsam hier. Und es können auch Wochen werden. Aber kaum, dass das Eis bricht und das Frühjahr kommt, so kommt auch schon Besuch und der Berliner ist da."

„Wann kommt er?"

„Unglaublich früh. Okuli, da kommen sie. Sehen Sie, Herr Baron, wenn ich, der ich doch ausgewettert bin, immer noch drin in der Stube bleibe, weil der Ostwind pustet und die Märzensonne sticht, setzt sich der Berliner schon ins Freie, legt seinen Sommerüberzieher über den Stuhl und bestellt eine Weiße. Denn sowie nur die Sonne scheint, spricht der Berliner von schönem Wetter. Ob in jedem Windzug eine Lungenentzündung oder Diphtheritis sitzt, ist ihm egal. Er spielt dann am liebsten mit Reifen, einige sind auch für Boccia, und wenn sie dann abfahren, ganz gedunsen von der Prallsonne, dann tut mir mitunter das Herz weh, denn keiner ist darunter, dem nicht wenigstens am andern Tage die Haut abschülbert."

Botho lachte. „Ja, die Berliner! Wobei mir übrigens einfällt, Ihre Spree hier herum muss ja auch die Gegend sein, wo die Ruderer und Segler zusammenkommen und ihre Regatten haben."

„Gewiss", sagte der Wirt. „Aber das will nicht viel sagen. Wenn's viele sind, dann sind es fünfzig oder vielleicht auch mal hundert. Und dann ruht es wieder und ist auf Wochen und Monate hin mit dem ganzen Wassersport vorbei. Nein, die Klubleute, das ist vergleichsweise bequem, das ist zum Aushalten. Aber wenn dann im Juni die Dampfschiffe kommen, dann ist es schlimm. Und dann bleibt es so den ganzen Sommer über oder doch eine lange, lange Weile."

„Glaub's", sagte Botho.

„... Dann trifft jeden Abend ein Telegramm ein. ‚Morgen früh 9 Uhr Ankunft Spreedampfer *Alsen*. Tagespartie. 240 Personen.' Und dann folgen die Namen derer, die's arrangiert haben. Einmal geht das. Aber die Länge hat die Qual. Denn wie ver-

läuft eine solche Partie? Bis Dunkelwerden sind sie draußen in Wald und Wiese, dann aber kommt das Abendbrot und dann tanzen sie bis um elf. Nun werden Sie sagen, ‚das ist nichts Großes', und wär auch nichts Großes, wenn der andre Tag ein Ruhetag wär. Aber der zweite Tag ist wie der erste und der dritte ist wie der zweite. Jeden Abend um elf dampft ein Dampfer mit 240 Personen ab und jeden Morgen um neun ist ein Dampfer mit ebenso viel Personen wieder da. Und inzwischen muss doch aufgeräumt und alles wieder klargemacht werden. Und so vergeht die Nacht mit Lüften, Putzen und Scheuern, und wenn die letzte Klinke wieder blank ist, ist auch das nächste Schiff schon wieder heran. Natürlich hat alles auch sein Gutes und wenn man um Mitternacht Kasse zählt, so weiß man, wofür man sich gequält hat. ‚Von nichts, kommt nichts', sagt das Sprichwort und hat auch ganz recht, und wenn ich all die Maibowlen auffüllen sollte, die hier schon getrunken sind, so müsst ich mir ein Heidelberger Fass anschaffen. Es bringt was ein, gewiss, und ist alles schön und gut. Aber dafür, dass man vorwärts kommt, kommt man doch auch rückwärts und bezahlt mit dem Besten, was man hat, mit Leben und Gesundheit. Denn was ist Leben ohne Schlaf?"

„Wohl, ich sehe schon", sagte Botho, „kein Glück ist vollkommen. Aber dann kommt der Winter und dann schlafen Sie wie sieben Dachse."

„Ja, wenn nicht gerade Silvester oder Dreikönigstag oder Fastnacht ist. Und die sind öfter, als der Kalender angibt. Da sollten Sie das Leben hier sehen, wenn sie, von zehn Dörfern her, zu Schlitten oder Schlittschuh, in dem großen Saal, den ich angebaut habe, zusammenkommen. Dann sieht man kein großstädtisches Gesicht mehr, und die Berliner lassen einen in Ruh, aber der Großknecht und die Jungmagd, die haben dann ihren Tag. Da sieht man Otterfellmützen und Manchesterjacken mit silbernen Buckelknöpfen und allerlei Soldaten, die grad auf Urlaub sind, sind mit dabei: Schwedter Dragoner und Fürstenwalder Ulanen, oder wohl gar Potsdamer Husaren. Und alles ist eifersüchtig und streitlustig und man weiß nicht, was ihnen lieber ist, das Tanzen oder das Krakeelen, und bei dem kleinsten Anlass stehen die Dörfer gegeneinander und liefern sich ihre Bataillen. Und so toben und lärmen sie die ganze Nacht durch,und ganze Pfannkuchenberge verschwinden, und erst bei Morgengrauen geht es über das Stromeis oder den Schnee hin wieder nach Hause."

„Da seh ich freilich", lachte Botho, „dass sich von Einsamkeit und Totenstille nicht gut sprechen lässt. Ein Glück nur, dass ich von dem allen nicht gewusst habe, sonst hätt' ich gar nicht den Mut gehabt und wäre fortgeblieben. Und das wäre mir doch leid gewesen, einen so hübschen Fleck Erde gar nicht gesehen zu haben ... Aber Sie sagten vorhin: ‚was ist Leben ohne Schlaf', und ich fühle, dass Sie recht haben. Ich bin müde trotz früher Stunde; das macht, glaub ich, die Luft und das Wasser. Und dann muss ich doch auch sehn ... Ihre liebe Frau hat

sich so bemüht ... Gute Nacht, Herr Wirt. Ich habe mich verplaudert."

Und damit stand er auf und ging auf das still gewordene Haus zu.

Lene, die Füße schräg auf dem herangerückten Stuhl, hatte sich aufs Bett gelegt und eine Tasse von dem Tee getrunken, den ihr die Wirtin gebracht hatte. Die Ruhe, die Wärme taten ihr wohl, der Anfall ging vorüber und sie hätte schon nach kurzer Zeit wieder in die Veranda hinuntergehn

und an dem Gespräche, das Botho mit dem Wirte führte, teilnehmen können. Aber ihr war nicht gesprächig zu Sinn und so stand sie nur auf, um sich in dem Zimmer umzusehen, für das sie bis dahin kein Auge gehabt hatte.

Und wohl verlohnte sich's. Die Balkenlagen und Lehmwände hatte man aus alter Zeit her fortbestehen lassen und die geweißte Decke hing so tief herab, dass man sie mit dem Finger berühren konnte, was aber zu bessern gewesen war, das war auch wirklich gebessert worden. Anstelle der kleinen Scheiben, die man im Erdgeschoss noch sah, war hier oben ein großes, bis fast auf die Diele reichendes Fenster eingesetzt worden, das ganz so, wie der Wirt es geschildert, einen prächtigen Blick auf die gesamte Wald- und Wasserszenerie gestattete. Das große Spiegelfenster war aber nicht alles, was Neuzeit und Komfort hier getan hatten. Auch ein paar gute Bilder, mutmaßlich auf einer Auktion erstanden, hingen an den alten, überall Buckel und Blasen bildenden Lehmwänden umher, und just da, wo der vorgebaute Fenstergiebel nach hinten oder was dasselbe sagen will nach dem eigentlichen Zimmer zu, die Dachschrägung traf, standen sich ein paar elegante Toilettentische gegenüber. Alles zeigte, dass man die Fischer- und Schifferherberge mit Geflissentlichkeit beibehalten, aber sie doch zugleich auch in ein gefälliges Gasthaus für die reichen Sportsleute vom Segler- und Ruderklub umgewandelt hatte.

Lene fühlte sich angeheimelt von allem, was sie sah, und begann zunächst die rechts und links in breiter Umrahmung über den Bettständen hängenden Bilder zu betrachten. Es waren Stiche, die sie, dem Gegenstande nach, lebhaft interessierten, und so wollte sie gerne wissen, was es mit den Unterschriften auf sich habe. „Washington crossing the Delaware" stand unter dem einen, „The last hour at Trafalgar" unter dem andern. Aber sie kam über ein bloßes Silbenentziffern nicht hinaus, und das gab ihr, so klein die Sache war, einen Stich ins Herz, weil sie sich der Kluft dabei bewusst wurde, die sie von Botho trennte. Der spöttelte freilich über Wissen und Bildung, aber sie war klug genug, um zu fühlen, was von diesem Spotte zu halten war.

Dicht neben der Eingangstür, über einem Rokokotisch, auf dem rote Gläser und eine Wasserkaraffe standen, hing noch eine buntfarbige, mit einer dreisprachigen Unterschrift versehene Lithografie: „Si jeunesse savait" – ein Bild, das sie sich entsann, in der Dörrschen Wohnung gesehen zu haben. Dörr liebte dergleichen. Als sie's hier wiedersah, fuhr sie verstimmt zusammen. Ihre feine Sinnlichkeit fühlte sich von dem Lüsternen in dem Bilde wie von einer Verzerrung ihres eignen Gefühls beleidigt und so ging sie denn, den Eindruck wieder loszuwerden, bis an das Giebelfenster und öffnete beide Flügel, um die Nachtluft einzulassen. Ach, wie sie das erquickte! Dabei setzte sie sich auf das Fensterbrett, das nur zwei Handbreit über der Diele war, schlang ihren linken Arm um das Kreuzholz und horchte nach der nicht allzu entfernten Veranda hinüber. Aber sie vernahm nichts. Eine tiefe Stille herrschte, nur in der alten Ulme ging ein Wehen und Rauschen und alles, was eben noch von Verstimmung in ihrer Seele geruht haben mochte, das schwand jetzt hin, als sie den Blick immer eindringlicher und immer entzückter auf das vor ihr ausgebreitete Bild richtete. Das Wasser flutete leise, der Wald und die Wiese lagen im abendlichen Dämmer und der Mond, der eben wieder seinen ersten Sichelstreifen zeigte, warf einen Lichtschein über den Strom und ließ das Zittern seiner kleinen Wellen erkennen.

„Wie schön", sagte Lene hochaufatmend. „Und ich bin doch glücklich", setzte sie hinzu.

Sie mochte sich nicht trennen von dem Bilde. Zuletzt aber erhob sie sich, schob einen Stuhl vor den Spiegel und begann, ihr schönes Haar zu lösen und wieder einzuflechten. Als sie noch damit beschäftigt war, kam Botho.

„Lene, noch auf! Ich dachte, dass ich dich mit einem Kusse wecken müsste."

„Dazu kommst du zu früh, so spät du kommst."

Und sie stand auf und ging ihm entgegen. „Mein einziger Botho. Wie lange du bleibst …"

„Und das Fieber? Und der Anfall?"

„Ist vorüber und ich bin wieder munter, seit einer halben Stunde schon. Und ebenso lange hab ich dich erwartet." Und sie zog ihn mit sich fort an das noch offen stehende Fenster: „Sieh nur. Ein armes Menschenherz, soll ihm keine Sehnsucht kommen bei solchem Anblick?"

Und sie schmiegte sich an ihn und blickte, während sie die Augen schloss, mit einem Ausdruck höchsten Glückes zu ihm auf.

Aus dem Roman „Irrungen, Wirrungen"

Herbstlied

Rote Beeren am Rosenhage,
rote Blätter an Baum und Gesträuch, —
ihr schönen Herbstestage,
ihr klaren, wie grüß' ich euch!

Es fallen die letzten Schleier
vor eurer Sonne Schein,
und wir blicken tiefer und freier
in Gottes Welt hinein.

Ihr klaren, ihr mahnt mich immer
an das Auge treuer Fraun;
verloren ging der Schimmer,
doch die Seele kann ich schaun.

Des Septembers Farbenwünsche

Der Herbst ist da und Storm ist da,
schenkt ein den Wein, den holden,
wir wollen diesen goldnen Tag
verschwend'risch noch vergolden.

Mitte September

Mitte September hatte die Verheiratung auf dem Sellenthinschen Gute Rothenmoor stattgefunden, Onkel Osten, sonst kein Redner, hatte das Brautpaar in dem zweifellos längsten Toaste seines Lebens leben lassen, und am Tage darauf hatte die Kreuzzeitung unter ihren sonstigen Familienanzeigen auch die folgende gebracht: „Ihre am gestrigen Tage stattgehabte eheliche Verbindung zeigen hierdurch ergebenst an Botho Freiherr von Rienäcker, Premierlieutenant im Kaiser-Kürassier-Regiment, Käthe Freifrau von Rienäcker, geb. von Sellenthin." Die Kreuzzeitung war begreiflicherweise nicht das Blatt, das in die Dörrsche Gärtnerwohnung samt ihren Dependenzien kam, aber schon am andern Morgen traf ein an Fräulein Magdalene Nimptsch adressierter Brief ein, in dem nichts lag als der Zeitungsausschnitt mit der Vermählungsanzeige. Lene fuhr zusammen, sammelte sich aber rascher, als der Absender, aller Wahrscheinlichkeit nach eine neidische Kollegin, erwartet haben mochte. Dass es von solcher Seite her kam, war schon aus dem beigefügten „Hochwohlgeboren" zu schließen. Aber gerade dieser Extraschabernack, der den schmerzhaften Stich verdoppeln sollte, kam Lenen zustatten und verminderte das bittere Gefühl, das ihr diese Nachricht sonst wohl verursacht hätte.

Botho und Käthe von Rienäcker waren noch am Hochzeitstage selbst nach Dresden hin aufgebrochen, nachdem beide der Verlockung einer neumärkischen Vetternreise glücklich widerstanden hatten. Und wahrlich, sie hatten nicht Ursache, ihre Wahl zu bereuen, am wenigsten Botho, der sich jeden Tag nicht nur zu dem Dresdener Aufenthalte, sondern vielmehr noch zu dem Besitze seiner jungen Frau beglückwünschte, die Kapricen und üble Laune gar nicht zu kennen schien. Wirklich, sie lachte den ganzen Tag über und so leuchtend und hellblond sie war, so war auch ihr Wesen. An allem ergötzte sie sich und allem gewann sie die heitere Seite ab. In dem von ihnen bewohnten Hotel war ein Kellner mit einem Toupet, das einem eben umkippenden Wellenkamme glich, und dieser Kellner samt seiner Frisur war ihre tagtägliche

Freude, so sehr, dass sie, wiewohl sonst ohne besonderen Esprit, sich in Bildern und Vergleichen gar nicht genug tun konnte. Botho freute sich mit und lachte herzlich, bis sich mit einem Male doch etwas von Bedenken und selbst von Unbehagen in sein Lachen einzumischen begann. Er nahm nämlich wahr, dass sie, was auch geschehen oder ihr zu Gesicht kommen mochte, lediglich am Kleinen und Komischen hing, und als beide nach etwa vierzehntägigem glücklichen Aufenthalt ihre Heimreise nach Berlin antraten, ereignete sich's, dass ein kurzes, gleich zu Beginn der Fahrt geführtes Gespräch ihm über diese Charakterseite seiner Frau volle Gewissheit gab. Sie hatten ein Kupee für sich und als sie, von der Elbbrücke her, noch einmal zurückblickten, um nach Altstadt-Dresden und der Kuppel der Frauenkirche hinüberzugrüßen, sagte Botho, während er ihre Hand nahm: „Und nun sage mir, Käthe, was war eigentlich das Hübscheste hier in Dresden?"

„Rate."

„Ja, das ist schwer, denn du hast so deinen eignen Geschmack, und mit Kirchengesang und Holbeinscher Madonna darf ich dir gar nicht kommen ..."

„Nein. Da hast du recht. Und ich will meinen gestrengen Herrn auch nicht lange warten und sich quälen lassen. Es war dreierlei, was mich entzückte: voran die Konditorei am Altmarkt und der Scheffelgassen-Ecke mit den wundervollen Pastetchen und dem Likör. Da so zu sitzen …"

„Aber, Käthe, man konnte ja gar nicht sitzen, man konnte kaum stehn, und war eigentlich, als ob man sich jeden Bissen erobern müsse."

„Das war es eben. Eben deshalb, mein Bester. Alles, was man sich erobern muss …"

Und sie wandte sich ab und spielte neckisch die Schmollende, bis er ihr einen herzlichen Kuss gab. „Ich sehe", lachte sie, „du bist schließlich einver-

standen und zur Belohnung höre nun auch das Zweite und Dritte. Mein Zweites war das Sommertheater draußen, wo wir ‚Monsieur Herkules' sahn und Knaak den Tannhäusermarsch auf einem klapprigen alten Whisttisch trommelte. So was Komisches hab ich all mein Lebtag nicht gesehn und du wahrscheinlich auch nicht. Es war wirklich zu komisch ... Und das Dritte ... Nun, das Dritte, das war ‚Bacchus auf dem Ziegenbock' im Grünen Gewölbe und der sich ‚kratzende Hund' von Peter Vischer."

„Ich dachte mir so was und wenn Onkel Osten davon hört, dann wird er dir recht geben und dich noch lieber haben als sonst und mir noch öfter wiederholen: Ich sage dir, Botho, die Käthe ..."

„Soll er's nicht?"

„O gewiss soll er."

Und damit brach auf Minuten hin ihr Gespräch ab, das in Bothos Seele, so zärtlich und liebevoll er zu der jungen Frau hinübersah, doch einigermaßen ängstlich nachklang. Die junge Frau selbst indes hatte keine Ahnung von dem, was in ihres Gatten Seele vorging, und sagte nur: „Ich bin müde, Botho. Die vielen Bilder. Es kommt doch nach ... Aber" (der Zug hielt eben) „was ist denn das für ein Lärm und Getreibe da draußen?"

„Das ist ein Dresdener Vergnügungsort, ich glaube Kötzschenbroda."

„Kötzschenbroda? Zu komisch."

Und während der Zug weiterdampfte, streckte sie sich aus und schloss anscheinend die Augen. Aber sie schlief nicht und sah zwischen den Wimpern hin nach dem geliebten Manne hinüber.

In der damals noch einreihigen Landgrafenstraße hatte Käthes Mama mittlerweile die Wohnung eingerichtet, und als zu Beginn des Oktobers das junge Paar in Berlin wieder eintraf, war es entzückt von dem Komfort, den es vorfand. In den beiden Frontzimmern, die jedes einen Kamin hatten, war geheizt, aber Tür und Fenster standen auf, denn es war eine milde Herbstluft und das Feuer brannte nur des Anblicks und des Luftzuges halber. Das Schönste aber war der große Balkon mit seinem weit herunterfallenden Zeltdach, unter dem hinweg man in gerader Richtung ins Freie sah, erst über das Birkenwäldchen und den Zoologischen Garten fort und dahinter bis an die Nordspitze des Grunewalds.

Käthe freute sich, unter Händeklatschen, dieser prächtig freien Aussicht, umarmte die Mama, küsste Botho und wies dann plötzlich nach links hin, wo zwischen vereinzelten Pappeln und Weiden ein Schindelturm sichtbar wurde. „Sieh, Botho, wie komisch. Er ist ja wie dreimal eingeknickt. Und das Dorf daneben. Wie heißt es?"

„Ich glaube Wilmersdorf", stotterte Botho.

„Nun gut, Wilmersdorf. Aber was heißt das ‚ich glaube'. Du wirst doch wissen, wie die Dörfer hier herum heißen. Sieh nur, Mama, macht er nicht ein Gesicht, als ob er uns ein Staatsgeheimnis verraten hätte? Nichts komischer als diese Männer."

Und damit verließ man den Balkon wieder, um in dem dahinter gelegenen Zimmer das erste Mit-

tagsmahl en famille einzunehmen: nur die Mama, das junge Paar und Serge, der als einziger Gast geladen war.

Rienäckers Wohnung lag keine tausend Schritt von dem Hause der Frau Nimptsch. Aber Lene wusste nichts davon und nahm ihren Weg oft durch die Landgrafenstraße, was sie vermieden haben würde, wenn sie von dieser Nachbarschaft auch nur eine Ahnung gehabt hätte.
Doch es konnt ihr nicht lange ein Geheimnis bleiben.
Es ging schon in die dritte Oktoberwoche, trotz-

dem war es noch wie im Sommer und die Sonne schien so warm, dass man den schärferen Luftton kaum empfand.

„Ich muss heut in die Stadt, Mutter", sagte Lene. „Goldstein hat mir geschrieben. Er will mit mir über ein Muster sprechen, das in die Wäsche der Waldeckschen Prinzessin eingestickt werden soll. Und wenn ich erst in der Stadt bin, will ich auch die Frau Demuth in der Alten Jakobstraße besuchen. Man kommt sonst ganz von aller Menschheit los. Aber um Mittag bin ich wieder hier. Ich werd es Frau Dörr sagen, dass sie nach dir sieht."

„Lass nur, Lene, lass nur. Ich bin am liebsten allein. Und die Dörr, sie redt so viel un immer von ihrem Mann. Und ich habe ja mein Feuer. Und wenn der Stieglitz piept, das is mir genug. Aber wenn du mir eine Tüte mitbringst, ich habe jetzt immer solch Kratzen und Malzbonbon löst so ..."

„Schön Mutter."

Und damit hatte Lene die kleine stille Wohnung verlassen und war erst die Kurfürsten- und dann die lange Potsdamer Straße hinuntergegangen, auf den Spittelmarkt zu, wo die Gebrüder Goldstein ihr Geschäft hatten. Alles verlief nach Wunsch und es war nahezu Mittag, als sie, heimkehrend, diesmal anstatt der Kurfürsten- lieber die Lützowstraße passierte. Die Sonne tat ihr wohl und das Treiben auf dem Magdeburger Platze, wo gerade Wochenmarkt war und alles eben wieder zum Aufbruch rüstete, vergnügte sie so, dass sie stehenblieb und sich das bunte Durcheinander mit ansah. Sie war wie benommen davon und wurd erst aufgerüttelt, als die Feuerwehr mit ungeheurem Lärm an ihr vorbeirasselte.

Lene horchte, bis das Gebimmel und Geklingel in der Ferne verhallt war, dann aber sah sie links hinunter nach der Turmuhr der Zwölf-Apostel-Kirche. „Gerade zwölf", sagte sie. „Nun ist es Zeit, dass ich mich eile; sie wird immer unruhig, wenn ich später komme, als sie denkt." Und so ging sie weiter die Lützowstraße hinunter auf den gleichnamigen Platz zu. Aber mit einem Male hielt sie und wusste nicht, wohin, denn auf ganz kurze Entfernung erkannte sie Botho, der, mit einer jungen, schönen Dame am Arm, grad auf sie zukam. Die junge Dame sprach lebhaft und anscheinend lauter heitre Dinge, denn Botho lachte beständig, während er zu ihr niederblickte. Diesem Umstand verdankte sie's auch, dass sie nicht schon lange bemerkt worden war, und rasch entschlossen, eine Begegnung mit ihm um jeden Preis zu vermeiden, wandte sie sich, vom Trottoir her, nach rechts hin und trat an das zunächst befindliche große Schaufenster heran, vor dem, mutmaßlich als Deckel für eine hier befindliche Kelleröffnung, eine viereckige geriffelte Eisenplatte lag. Das Schaufenster selbst war das eines gewöhnlichen Materialwarenladens, mit dem üblichen Aufbau von Stearinlichten und Mixed-Pickles-Flaschen, nichts Besonders, aber Lene starrte drauf hin, als ob sie dergleichen noch nie gesehen habe. Und wahrlich, Zeit war es, denn in eben diesem Augenblicke streifte das junge Paar hart an ihr vorüber und kein Wort entging ihr von dem Gespräche, das zwischen beiden geführt wurde.

„Käthe, nicht so laut", sagte Botho, „die Leute sehen uns schon an."

„Lass sie …"

„Sie denken am Ende, wir zanken uns …"

„Unter Lachen? Zanken unter Lachen?"

Und sie lachte wieder.

Lene fühlte das Zittern der dünnen Eisenplatte, darauf sie stand. Ein waagerecht liegender Messingstab zog sich zum Schutze der großen Glasscheibe vor dem Schaufenster hin und einen Augenblick war es ihr, als ob sie, wie zu Beistand und Hilfe, nach dem Messingstab greifen müsse, sie hielt sich aber aufrecht und erst als sie sicher sein durfte, dass beide weit genug fort waren, wandte sie sich wieder, um ihren Weg fortzusetzen. Sie tappte sich vorsichtig an den Häusern hin und eine kurze Strecke ging es. Aber bald war ihr doch, als ob ihr die Sinne schwänden, und kaum, dass sie die nächste nach dem Kanal hin abzweigende Querstraße erreicht hatte, so bog sie hier ein und trat in einen Vorgarten, dessen Gittertür offen stand. Nur mit Mühe noch schleppte sie sich bis an eine kleine zu Veranda und Hochparterre hinauffüh-

rende Freitreppe, wenige Stufen, und setzte sich, einer Ohnmacht nah, auf eine derselben.

Als sie wieder erwachte, sah sie, dass ein halbwachsenes Mädchen, ein Grabscheit in der Hand, mit dem sie kleine Beete gegraben hatte, neben ihr stand und sie teilnahmsvoll anblickte, während, von der Verandabrüstung aus, eine alte Kindermuhme sie mit kaum geringerer Neugier musterte. Niemand war augenscheinlich zu Haus als das Kind und die Dienerin, und Lene dankte beiden und erhob sich und schritt wieder auf die Pforte zu. Das halbwachsene Mädchen aber sah ihr traurig verwundert nach und es war fast, wie wenn in dem Kinderherzen eine erste Vorstellung von dem Leid des Lebens gedämmert hätte.

Lene war inzwischen, den Fahrdamm passierend, bis an den Kanal gekommen und ging jetzt unten an der Böschung entlang, wo sie sicher sein durfte, niemandem zu begegnen. Von den Kähnen her blaffte dann und wann ein Spitz, und ein dünner Rauch, weil Mittag war, stieg aus den kleinen Kajütenschornsteinen auf. Aber sie sah und hörte nichts oder war wenigstens ohne Bewusstsein dessen, was um sie her vorging, und erst als jenseits des Zoologischen die Häuser am Kanal hin aufhörten und die große Schleuse mit ihrem drüber wegschäumenden Wasser sichtbar wurde, blieb sie stehn und rang nach Luft. „Ach, wer weinen könnte." Und sie drückte die Hand gegen Brust und Herz.

Zu Hause traf sie die Mutter an ihrem alten Platz und setzte sich ihr gegenüber, ohne dass ein Wort oder Blick zwischen ihnen gewechselt worden wäre. Mit einem Mal aber sah die Alte, deren Auge bis dahin immer in derselben Richtung gegangen war, von ihrem Herdfeuer auf und erschrak, als sie der Veränderung in Lenens Gesicht gewahr wurde. „Lene, Kind, was hast du? Lene, wie siehst du nur aus?" Und so schwer beweglich sie sonsten war, heute machte sie sich im Umsehn von ihrer Fußbank los und suchte nach dem Krug, um die noch immer wie halbtot Dasitzende mit Wasser zu besprengen. Aber der Krug war leer und so humpelte sie nach dem Flur und vom Flur nach Hof und Garten hinaus, um die gute Frau Dörr zu rufen, die gerade Goldlack und Jelängerjelieber abschnitt, um Marktsträuße daraus zu binden. Ihr Alter aber stand neben ihr und sagte: „Nimm nich wieder zu viel Strippe."

Frau Dörr, als sie das jämmerliche Rufen der alten Frau von fern her hörte, verfärbte sich und antwortete mit lauter Stimme: „Komme schon, Mutter Nimptsch, komme schon", und alles wegwerfend, was sie von Blumen und Bast in der Hand hatte, lief sie gleich auf das kleine Vorderhaus zu, weil sie sich sagte, dass da was los sein müsse.

„Richtig, dacht ich's doch ... Leneken." Und dabei rüttelte und schüttelte sie die nach wie vor leblos Dasitzende, während die Alte langsam nachkam und über den Flur hinschlurrte.

„Wir müssen sie zu Bett bringen", rief Frau Dörr und die Nimptsch wollte selber mit anfassen. Aber so war das „wir" der stattlichen Frau Dörr nicht gemeint gewesen. „Ich mache so was allein, Mutter Nimptsch", und Lenen in ihre Arme nehmend, trug sie sie nebenan in die Kammer und deckte sie hier zu.

„So, Mutter Nimptsch. Nu 'ne heiße Stürze. Das kenn' ich, das kommt von 's Blut. Erst 'ne Stürze un denn 'n Ziegelstein an die Fußsohlen; aber grad untern Spann, da sitzt das Leben ... Wovon is es denn eigentlich? Is gewiss 'ne Altration."

„Weiß nich. Sie hat nichts gesagt. Aber ich denke mir, dass sie 'n vielleicht gesehn hat."

„Richtig. Das is es. Das kenn ich ... Aber nu die

Fenster zu un runter mit 's Rollo … Manche sind für Kampfer und Hoffmannstropfen, aber Kampfer schwächt so und is eigentlich bloß für Motten. Nein, liebe Nimptschen, was 'ne Natur is un noch dazu solche junge, die muss sich immer selber helfen un darum bin ich für schwitzen. Aber or'ntlich. Un wovon kommt es? Von die Männer kommt es. Un doch hat man sie nötig un braucht sie … Na, sie kriegt ja schon wieder Farbe."

„Wolln wir nich lieber nach 'n Doktor schicken?"

„I, Jott bewahre. Die kutschieren jetzt rum, un eh einer kommt, is sie schon dreimal dod und lebendig."

Aus dem Roman „Irrungen, Wirrungen"

An Theodor Storm

Zum 14. September 1853

Der Herbst ist da und Storm ist da,
schenkt ein den Wein, den holden,
wir wollen diesen goldnen Tag
verschwend'risch noch vergolden.

Und geht es draußen noch so toll
und hängt die Welt voll Knuten,
kein Mucker und kein Hassenpflug
soll unsern Mut entmuten.

Und wimmert auch einmal das Herz
und will nicht fort nach Pommern,
wir wissen doch, es schmilzt der Schnee,
es geht zu neuen Sommern.

Der September ging auf die Neige

Es war einen Monat später, und der September ging auf die Neige. Das Wetter war schön, aber das Laub im Park zeigte schon viel Rot und Gelb, und seit den Äquinoktien, die drei Sturmtage gebracht hatten, lagen die Blätter überallhin ausgestreut. Auf dem Rondell hatte sich eine kleine Veränderung vollzogen, die Sonnenuhr war fort, und an der Stelle, wo sie gestanden hatte, lag seit gestern

eine weiße Marmorplatte, darauf stand nichts als „Effi Briest" und darunter ein Kreuz. Das war Effis letzte Bitte gewesen: „Ich möchte auf meinem Stein meinen alten Namen wiederhaben; ich habe dem andern keine Ehre gemacht." Und es war ihr versprochen worden.

Ja, gestern war die Marmorplatte gekommen und aufgelegt worden, und angesichts der Stelle saßen nun wieder Briest und Frau und sahen darauf hin und auf den Heliotrop, den man geschont und der den Stein jetzt einrahmte. Rollo lag daneben, den Kopf in die Pfoten gesteckt.

Wilke, dessen Gamaschen immer weiter wurden, brachte das Frühstück und die Post, und der alte Briest sagte: „Wilke, bestelle den kleinen Wagen. Ich will mit der Frau über Land fahren."

Frau von Briest hatte mittlerweile den Kaffee eingeschenkt und sah nach dem Rondell und seinem Blumenbeet. „Sieh, Briest, Rollo liegt wieder vor dem Stein. Es ist ihm doch noch tiefer gegangen als uns. Er frisst auch nicht mehr."

„Ja, Luise, die Kreatur. Das ist ja, was ich immer sage. Es ist nicht so viel mit uns, wie wir glauben. Da reden wir immer von Instinkt. Am Ende ist es doch das Beste."

„Sprich nicht so. Wenn du so philosophierst ... nimm es mir nicht übel, Briest, dazu reicht es bei dir nicht aus. Du hast deinen guten Verstand, aber du kannst doch nicht an solche Fragen ..."

„Eigentlich nicht."

„Und wenn denn schon überhaupt Fragen gestellt werden sollen, da gibt es ganz andere, Briest, und ich kann dir sagen, es vergeht kein Tag, seit das arme Kind da liegt, wo mir solche Fragen nicht gekommen wären ..."

„Welche Fragen?"

„Ob *wir* nicht doch vielleicht schuld sind?"

„Unsinn, Luise. Wie meinst du das?"

„Ob wir sie nicht anders in Zucht hätten nehmen müssen. Gerade wir. Denn Niemeyer ist doch eigentlich eine Null, weil er alles in Zweifel lässt. Und dann, Briest, so leid es mir tut ...

deine beständigen Zweideutigkeiten ... und zuletzt, womit ich mich selbst anklage, denn ich will nicht schadlos ausgehen in dieser Sache, ob sie nicht doch vielleicht zu jung war?"

Rollo, der bei diesen Worten aufwachte, schüttelte den Kopf langsam hin und her, und Briest sagte ruhig: „Ach, Luise, lass ... das ist ein *zu* weites Feld."

Aus dem Roman „Effi Briest "

Des goldenen Oktobers Reigen

Der Herbst muss von den Bäumen
die Blätter mähn und wehn,
wenn wir den neuen Frühling
in Blüten wollen sehn.

Lady Essex

(Fragment)

Der Herbst ist da. Die Lust zu jagen
lockt aus der Stadt nach Windsor-Schloss,
und jetzt, vorbei an Heck' und Hagen,
bricht Jakob und sein Jägertross.
Welch Leben das! Die Rosse schäumen,
die Meute klafft, die Pfeife gellt,
der Wald erwacht aus seinen Träumen
und schauert, wenn ein Opfer fällt.

Schon dunkelt's. Doch das Blutvergeuden,
es dauert fort bis in die Nacht,
bis Dürsten nach des Mahles Freuden
dem Durst nach Blut ein Ende macht.

Heim ruft das Horn. Bald in den Räumen
des Schlosses lärmt man beim Bankett,
man zecht, und statt der Rosse Schäumen,
schäumt Wein und Lust jetzt um die Wett',
Toaste schallen hunderttönig,
der Wein verschwistert Alt und Jung,
und lüstern bringt zuletzt der König
den Damen seine Huldigung.

„Die Schönen hoch!" Der trunkne Alte,
matt blinzelnd ruft er's durch den Saal –
Sie aber, der sein Hoch erschallte,
die *Lady Essex* fehlt beim Mahl.

Dieweil der königliche Zecher
umsonst nach ihren Zügen gafft,
leert sie den ysopbittren Becher
zurückgewiesner Leidenschaft.
Sie, die bei tausend Huldigungen
ihr Herz mit kaltem Stolz bewährt,
sieht jeden Sieg, den sie errungen,
in Niederlage jetzt verkehrt;
sie glüht, und hinter Teppichwänden
hervor aus wohlgeborgnem Schrank,
Nimmt sie den aus ital'schen Händen
heut erst erkauften Liebestrank:
„Der tu es!"
Und schon weiter bauend,
das Fläschchen in gekrampfter Hand,
stutzt plötzlich sie, sich selbst erschauend
genüber in der Spiegelwand.
Es ist, als fasse sie ein Staunen
vor ihrem eignen Ebenbild,
sie hört den Stolz im Busen raunen:

„*Du* bist es, draus dir Rettung quillt."
Hin klirrt das Glas in Splitterscherben:
„Fahr wohl! ... Du kümmerlicher Saft
sollst nicht um Liebe für mich werben
und spotten meiner eignen Kraft!
Traun, ob der alte Höllenmeister
auch selber dich bereitet hätt',
gilt's Herrschaft über Sinn und Geister,
ich biete dir und ihm die Wett';
nur fort der letzte Rest von Lüge,
all Schein und Maske fahre hin,
sehn soll er meine wahren Züge,
und siegen werd' ich, wie ich bin!" ...

Die Tage waren schön

Die Tage waren schön und blieben es bis in den Oktober hinein. Eine Folge davon war, dass die halbzeltartige Veranda draußen zu ihrem Recht kam, so sehr, dass sich wenigstens die Vormittagsstunden regelmäßig darin abspielten. Gegen elf kam dann wohl der Major, um sich zunächst nach dem Befinden der gnädigen Frau zu erkundigen und mit ihr ein wenig zu medisieren, was er wundervoll verstand, danach aber mit Innstetten einen Ausritt zu verabreden, oft landeinwärts, die Kessine hinauf bis an den Breitling, noch häufiger auf die Molen zu. Effi, wenn die Herren fort waren, spielte mit dem Kind oder durchblätterte die von Gieshübler nach wie vor ihr zugeschickten Zeitungen und Journale, schrieb auch wohl einen Brief an die Mama oder sagte: „Roswitha, wir wollen mit Annie spazieren fahren", und dann spannte sich Roswitha vor den Korbwagen und fuhr, während Effi hinterherging, ein paar hundert Schritt in das Wäldchen hinein, auf eine Stelle zu, wo Kastanien ausgestreut lagen, die man nun auflas, um sie dem Kind als Spielzeug zu geben. In die Stadt kam Effi wenig; es war niemand recht da, mit dem sie hätte plaudern können, nachdem ein Versuch, mit der Frau von Crampas auf einen Umgangsfuß zu kommen, aufs Neue gescheitert war. Die Majorin war und blieb menschenscheu.

Das ging so wochenlang, bis Effi plötzlich den Wunsch äußerte, mit ausreiten zu dürfen; sie habe nun mal die Passion und es sei doch zu viel verlangt, bloß um des Geredes der Kessiner willen auf etwas zu verzichten, das einem so viel wert sei. Der Major fand die Sache kapital und Innstetten, dem es augenscheinlich weniger passte – so wenig, dass er immer wieder hervorhob, es werde sich kein Damenpferd finden lassen –, Innstetten musste nachgeben, als Crampas versicherte, „das solle seine Sorge sein". Und richtig, was man wünschte, fand sich auch, und Effi war selig, am Strand hinjagen zu können, jetzt wo „Damenbad" und „Herrenbad" keine scheidenden Schreckensworte mehr waren. Meist war auch Rollo mit von der Partie, und weil es sich ein paarmal ereignet hatte, dass man am Strande zu rasten oder auch eine Strecke Wegs zu Fuß zu machen wünschte, so kam man überein, sich von entsprechender Dienerschaft begleiten zu lassen, zu welchem Behufe des Majors Bursche, ein alter Treptower Ulan, der Knut hieß, und Innstettens Kutscher Kruse zu Reitknechten umgewandelt wurden, allerdings ziemlich unvollkommen, indem sie, zu Effis Leidwesen, in eine Fantasielivree gesteckt wurden, darin der eigentliche Beruf beider noch nachspukte. Mitte Oktober war schon heran, als man, so herausstaffiert, zum ersten Mal in voller Kavalkade aufbrach, in Front Innstetten und Crampas, Effi zwischen ihnen, dann Kruse und Knut und zuletzt Rollo, der aber bald, weil ihm das Nachtrotten missfiel, allen vorauf war. Als man das jetzt öde Strandhotel passiert und bald danach, sich rechts haltend, auf dem von einer mäßigen Brandung überschäumten Strandwege den diesseitigen Molendamm erreicht hatte, verspürte man Lust, abzusteigen und einen Spaziergang bis an den Kopf der Mole zu machen. Effi war die erste aus dem Sattel. Zwischen den beiden Steindämmen floss die Kessine breit und ruhig dem Meere zu, das wie eine sonnenbeschienene Fläche, darauf nur hier und da eine leichte Welle kräuselte, vor ihnen lag. Effi war noch nie hier draußen gewesen, denn als

sie vorigen November in Kessin eintraf, war schon Sturmzeit, und als der Sommer kam, war sie nicht mehr imstande, weite Gänge zu machen. Sie war jetzt entzückt, fand alles groß und herrlich, erging sich in kränkenden Vergleichen zwischen dem Luch und dem Meer und ergriff, sooft die Gelegenheit dazu sich bot, ein Stück angeschwemmtes Holz, um es nach links hin in die See oder nach rechts hin in die Kessine zu werfen. Rollo war immer glücklich, im Dienste seiner Herrin sich nachstürzen zu können; mit einem Mal aber wurde seine Aufmerksamkeit nach einer ganz anderen Seite hin abgezogen, und sich vorsichtig, ja beinahe ängstlich vorwärts schleichend, sprang er plötzlich auf einen in Front sichtbar werdenden Gegenstand zu, freilich vergeblich, denn im selben Augenblick glitt von einem sonnenbeschienenen und mit grünem Tang überwachsenen Stein eine Robbe glatt und geräuschlos in das nur etwa fünf Schritt entfernte Meer hinunter. Eine kurze Weile noch sah man den Kopf, dann tauchte auch dieser unter.

Alle waren erregt, und Crampas fantasierte von Robbenjagd und dass man das nächste Mal die Büchse mitnehmen müsse, „denn die Dinger haben ein festes Fell."

„Geht nicht", sagte Innstetten; „Hafenpolizei."

„Wenn ich so was höre", lachte der Major. „Hafenpolizei! Die drei Behörden, die wir hier haben, werden doch wohl untereinander die Augen zudrücken können. Muss denn alles so furchtbar gesetzlich sein? Gesetzlichkeiten sind langweilig."

Effi klatschte in die Hände.

„Ja, Crampas, Sie kleidet das, und Effi, wie Sie sehen, klatscht Ihnen Beifall. Natürlich; die Weiber schreien sofort nach einem Schutzmann, aber von Gesetz wollen sie nichts wissen."

„Das ist so Frauenrecht von alter Zeit her, und wir werden's nicht ändern, Innstetten."

„Nein", lachte dieser, „und ich will es auch nicht. Auf Mohrenwäsche lasse ich mich nicht ein. Aber einer wie Sie, Crampas, der unter der Fahne der Disziplin groß geworden ist und recht gut weiß, dass es ohne Zucht und Ordnung nicht geht, ein Mann wie Sie, der sollte doch eigentlich so was nicht reden, auch nicht einmal im Spaß. Indessen, ich weiß schon, Sie haben einen himmlischen Kehr-mich-nicht-Drang und denken, der Himmel wird nicht gleich einstürzen. Nein, gleich nicht. Aber mal kommt es."

Crampas wurde einen Augenblick verlegen, weil er glaubte, das alles sei mit einer gewissen Absicht gesprochen, was aber nicht der Fall war. Innstetten hielt nur einen seiner kleinen moralischen Vorträge, zu denen er überhaupt hinneigte. „Da lob ich mir Gieshübler", sagte er einlenkend, „immer Kavalier und dabei doch Grundsätze."

Der Major hatte sich mittlerweile wieder zurechtgefunden und sagte in seinem alten Ton: „Ja, Gieshübler; der beste Kerl von der Welt und, wenn möglich, noch bessere Grundsätze. Aber am Ende woher? Warum? Weil er einen ‚Verdruss' hat. Wer gerade gewachsen ist, ist für Leichtsinn. Überhaupt ohne Leichtsinn ist das ganze Leben keinen Schuss Pulver wert."

„Nun hören Sie, Crampas, gerade so viel kommt mitunter dabei heraus." Und dabei sah er auf des Majors linken, etwas verkürzten Arm.

Effi hatte von diesem Gespräche wenig gehört. Sie war dicht an die Stelle getreten, wo die Robbe gelegen, und Rollo stand neben ihr. Dann sahen beide, von dem Stein weg, auf das Meer und warteten, ob die „Seejungfrau" noch einmal sichtbar werden würde.

Aus dem Roman „Effi Briest"

Der Kranich

Rau ging der Wind, der Regen troff,
schon war ich nass und kalt;
ich macht' auf einem Bauernhof
im Schutz des Zaunes Halt.

Mit abgestutzten Flügeln schritt
ein Kranich drin umher,
nur seine Sehnsucht trug ihn mit
den Brüdern über's Meer;

Mit seinen Brüdern, deren Zug
jetzt hoch in Lüften stockt,
und deren Schrei auch ihn zum Flug
in fernen Süden lockt.

Und sieh, er hat sich aufgerafft,
es gilt erneutes Glück;
umsonst, der Schwinge fehlt die Kraft
und ach, er sinkt zurück.

Und Huhn und Hahn und Hühnchen auch
umgackern ihn voll Freud' –
Das ist so alter Hühner-Brauch
bei eines Kranichs Leid.

Die Lerche
und der Wanderer

Noch einmal schaut die Sonne
rings auf die Erd' umher
und taucht dann majestätisch
in's eigne Feuermeer.

Der Mond, der stolzen Sonne
nie müder Bettelsmann,
kommt blass herangeschlichen
und zeigt den Abend an.

Es stirbt das rege Leben,
es feiert Wald und Flur,
die Abendwinde schweigen,
kaum atmet die Natur.

Rings herrschet Totenstille,
nichts stört die heil'ge Nacht,
denn selbst die Bäume sagten
sich längst schon: Gute Nacht!

Nur oben in den Lüften
erklinget noch ein Lied,
die Lerche singt melodisch
der Erd' ein Schlummerlied.

Jetzt eilt auch seinem Neste
der muntre Sänger zu,
da schaut er einen Wandrer
noch immer ohne Ruh'.

Der schaut mit starren Blicken
hinauf zu Ätherraum
und träumt mit wachen Augen
gar einen schönen Traum.

Da singt die Lerche wieder
die schönsten Melodien,
viel schöne Schlummerlieder
und singt sie nur für ihn.

Der Wandrer senkt die Augen
zur Erde, nicht zur Ruh',
und ruft mit trübem Lächeln
dem muntren Vöglein zu:

„Du leichtbeschwingter Sänger,
was störest du mein Glück
und gibst durch deine Lieder
der Erde mich zurück!

Ich war in einem Himmel,
wo ew'ge Wonne quillt
und küsste die Geliebte,
ein liebes Engelsbild."

An seine Frau

Berlin, 7. Oktober 1869

Du hast ganz recht, ich bin minder heiter und gut-
gelaunt als sonst wohl, und doch kann ich eigentlich nicht sagen, dass mich etwas tief bedrücke
oder dass ich direkt verstimmt wäre. Ich bin aber
umgekehrt auch nicht gut gestimmt, und ich habe
auch keinen Grund dazu. Ich bedarf einer Auffri-
schung, irgendeines Geschenkes, einer Gnade, die
mir das Hoffnungslämpchen wieder ansteckt. Das
Abwickeln der Tage unter Verhältnissen, die nur
gerade mir das tägliche Brot abwerfen, und die
Aussicht, für den Rest des Lebens diesen Zustand
der Dinge noch als ein besonderes Glück ansehen
zu müssen, hat wenig Erheiterndes. Ich habe allerdings jene Ergebung, die in dem Lose, das einem
zuteilwird, ein Gebotenes, Vorgezeichnetes sieht;
aber dieser Trost ist doch mir ein halber, und der
eitle Gedanke beherrscht mich allerdings, dass
das Maß meines Fleißes und meiner Anstrengun-
gen eine höhere Anerkennung in bar verdiente. Es
liegt darin etwas unendlich Bitteres, dass man all

dem Talent, das einem Gott, und mit all dem Wissen und technischen Können, das man sich selber gegeben hat, doch weit hinter dem Kontoristen eines größeren Geschäftes zurückbleibt. *Alles* verdrießt mich nach dieser Seite hin; — die allgemeine Sachlage und die in Rede kommenden Persönlichkeiten nicht minder. Aber wie es ändern?! „Dulde, gedulde dich fein!"

Am 9. Oktober 1861

Wir sind nun zusammen in London gewesen
mit gutem Gehalt und Reisespesen
und wissen nun zu dieser Frist,
was Fremde und was Heimat ist.

Das heimatliche Bettlerhemde
geht über ein Goldkleid in der Fremde;
wie viel mir missfällt und widerstrebt,
Heimat bleibt Heimat, und – man lebt.

Ein heller Oktobertag

Die Morgensonne blinkte; trotzdem war es schon herbstlich frisch, und Briest, der eben gemeinschaftlich mit seiner Frau das Frühstück genommen, erhob sich von seinem Platz und stellte sich, beide Hände auf dem Rücken, gegen das mehr und mehr verglimmende Kaminfeuer. Frau von Briest, eine Handarbeit in Händen, rückte gleichfalls näher an den Kamin und sagte zu Wilke, der gerade eintrat, um den Frühstückstisch abzuräumen: „Und nun, Wilke, wenn Sie drin im Saal, aber das geht vor, alles in Ordnung haben, dann sorgen Sie, dass die Torten nach drüben kommen, die Nusstorte zu Pastors und die Schüssel mit kleinen Kuchen zu Jahnkes. Und nehmen Sie sich mit den Gläsern in acht. Ich meine die dünngeschliffenen."

Briest war schon bei der dritten Zigarette, sah sehr wohl aus und erklärte, nichts bekomme einem so gut wie eine Hochzeit, natürlich die eigene ausgenommen.

„Ich weiß nicht, Briest, wie du zu solcher Bemerkung kommst. Mir war ganz neu, dass du darunter gelitten haben willst. Ich wüsste auch nicht, warum."

„Luise, du bist eine Spielverderberin. Aber ich nehme nichts übel, auch nicht einmal so was. Im Übrigen, was wollen wir von uns sprechen, die wir nicht einmal eine Hochzeitsreise gemacht haben. Dein Vater war dagegen. Aber Effi macht nun eine Hochzeitsreise. Beneidenswert. Mit dem Zehnuhrzug ab. Sie müssen jetzt schon bei Regensburg sein, und ich nehme an, dass er ihr – selbstverständlich ohne auszusteigen – die Hauptkunstschätze der Walhalla herzählt. Innstetten ist ein vorzüglicher Kerl, aber er hat so was von einem Kunstfex, und Effi, Gott, unsere arme Effi, ist ein Naturkind. Ich fürchte, dass er sie mit seinem Kunstenthusiasmus etwas quälen wird."

„Jeder quält seine Frau. Und Kunstenthusiasmus ist noch lange nicht das Schlimmste."

„Nein, gewiss nicht; jedenfalls wollen wir darüber nicht streiten; es ist ein weites Feld. Und dann sind auch die Menschen so verschieden. Du, nun ja, du hättest dazu getaugt. Überhaupt hättest du besser zu Innstetten gepasst als Effi. Schade, nun ist es zu spät."

„Überaus galant, abgesehen davon, dass es nicht passt. Unter allen Umständen aber, was gewesen ist, ist gewesen. Jetzt ist er mein Schwiegersohn, und es kann zu nichts führen, immer auf Jugendlichkeiten zurückzuweisen."

„Ich habe dich nur in eine animierte Stimmung bringen wollen."

„Sehr gütig. Übrigens nicht nötig. Ich *bin* in animierter Stimmung."

„Und auch in guter?"

„Ich kann es fast sagen. Aber du darfst sie nicht

verderben. Nun, was hast du noch? Ich sehe, dass du was auf dem Herzen hast."

„Gefiel dir Effi? Gefiel dir die ganze Geschichte? Sie war so sonderbar, halb wie ein Kind, und dann wieder sehr selbstbewusst und durchaus nicht so bescheiden, wie sie's solchem Manne gegenüber sein müsste. Das kann doch nur so zusammenhängen, dass sie noch nicht recht weiß, was sie an ihm hat. Oder ist es einfach, dass sie ihn nicht recht liebt? Das wäre schlimm. Denn bei all seinen Vorzügen, er ist nicht der Mann, sich diese Liebe mit leichter Manier zu gewinnen."

Frau von Briest schwieg und zählte die Stiche auf dem Kanevas. Endlich sagte sie: „Was du da sagst, Briest, ist das Gescheiteste, was ich seit drei Tagen von dir gehört habe, deine Rede bei Tisch mit eingerechnet. Ich habe auch so meine Bedenken gehabt. Aber ich glaube, wir können uns beruhigen."

„Hat sie dir ihr Herz ausgeschüttet?"

„So möcht ich es nicht nennen. Sie hat wohl das Bedürfnis zu sprechen, aber sie hat nicht das Bedürfnis, sich so recht von Herzen auszusprechen, und macht vieles in sich selber ab; sie ist mitteilsam und verschlossen zugleich, beinah versteckt; überhaupt ein ganz eigenes Gemisch."

„Ich bin ganz deiner Meinung. Aber wenn sie dir nichts gesagt hat, woher weißt du's?"

„Ich sagte nur, sie habe mir nicht ihr Herz ausgeschüttet. Solche Generalbeichte, so alles von der Seele herunter, das liegt nicht in ihr. Es fuhr alles bloß ruckweise und plötzlich aus ihr heraus, und dann war es wieder vorüber. Aber gerade weil es so ungewollt und wie von ungefähr aus ihrer Seele kam, deshalb war es mir so wichtig."

„Und wann war es denn und bei welcher Gelegenheit?"

„Es werden jetzt gerade drei Wochen sein, und wir saßen im Garten, mit allerhand Ausstattungsdingen, großen und kleinen, beschäftigt, als Wilke einen Brief von Innstetten brachte. Sie steckte ihn zu sich, und ich musste sie eine Viertelstunde später erst erinnern, dass sie ja einen Brief habe. Dann las sie ihn, aber verzog kaum eine Miene. Ich bekenne dir, dass mir bang ums Herz dabei wurde, so bang, dass ich gern eine Gewissheit haben wollte, so viel, wie man in diesen Dingen haben kann."

„Sehr wahr, sehr wahr."

„Was meinst du damit?"

„Nun, ich meine nur ... Aber das ist ja ganz gleich. Sprich nur weiter; ich bin ganz Ohr."

„Ich fragte also rundheraus, wie's stünde, und weil ich bei ihrem eigenen Charakter einen feierlichen Ton vermeiden und alles so leicht wie möglich, ja beinah scherzhaft nehmen wollte, so warf ich die Frage hin, ob sie vielleicht den Vetter Briest, der ihr in Berlin sehr stark den Hof gemacht hatte, ob sie den vielleicht lieber heiraten würde ..."

„Und?"

„Da hättest du sie sehen sollen. Ihre nächste Antwort war ein schnippisches Lachen. Der Vetter sei doch eigentlich nur ein großer Kadett in Leutnantsuniform. Und einen Kadetten könne sie nicht einmal lieben, geschweige heiraten. Und dann

sprach sie von Innstetten, der ihr mit einem Male der Träger aller männlichen Tugenden war."

„Und wie erklärst du dir das?"

„Ganz einfach. So geweckt und temperamentvoll und beinahe leidenschaftlich sie ist, oder vielleicht auch, weil sie es ist, sie gehört nicht zu denen, die so recht eigentlich auf Liebe gestellt sind, wenigstens nicht auf das, was den Namen ehrlich verdient. Sie redet zwar davon, sogar mit Nachdruck und einem gewissen Überzeugungston, aber doch nur, weil sie irgendwo gelesen hat, Liebe sei nun mal das Höchste, das Schönste, das Herrlichste. Vielleicht hat sie's auch bloß von der sentimentalen Person,

der Hulda, gehört und spricht es ihr nach. Aber sie empfindet nicht viel dabei. Wohl möglich, dass es alles mal kommt, Gott verhüte es, aber noch ist es nicht da."

„Und was ist da? Was hat sie?"

„Sie hat nach meinem und auch nach ihrem eigenen Zeugnis zweierlei: Vergnügungssucht und Ehrgeiz."

„Nun, das kann passieren. Da bin ich beruhigt."

„Ich nicht. Innstetten ist ein Karrieremacher – von Streber will ich nicht sprechen, das ist er auch nicht, dazu ist er zu wirklich vornehm – also Karrieremacher, und das wird Effis Ehrgeiz befriedigen."

„Nun also. Das ist doch gut."

„Ja, das ist gut! Aber es ist erst die Hälfte. Ihr Ehrgeiz wird befriedigt werden, aber ob auch ihr Hang nach Spiel und Abenteuer? Ich bezweifle. Für die stündliche kleine Zerstreuung und Anregung, für alles, was die Langeweile bekämpft, diese Todfeindin einer geistreichen kleinen Person, dafür wird Innstetten sehr schlecht sorgen. Er wird sie nicht in einer geistigen Öde lassen, dazu ist er zu klug und zu weltmännisch, aber er wird sie auch nicht sonderlich amüsieren. Und was das schlimmste ist, er wird sich nicht einmal recht mit der Frage beschäftigen, wie das wohl anzufangen sei. Das wird eine Weile so gehen, ohne viel Schaden anzurichten, aber zuletzt wird sie's merken, und dann wird es sie beleidigen. Und dann weiß ich nicht, was geschieht. Denn so weich und nachgiebig sie ist, sie hat auch was Rabiates und lässt es auf alles ankommen."

In diesem Augenblicke trat Wilke vom Saal her ein und meldete, dass er alles nachgezählt und alles vollzählig gefunden habe; nur von den feinen Weingläsern sei eins zerbrochen, aber schon gestern, als das Hoch ausgebracht wurde – Fräulein Hulda habe mit Leutnant Nienkerken zu scharf angestoßen.

„Versteht sich, von alter Zeit her immer im Schlaf, und unterm Holunderbaum ist es natürlich nicht besser geworden. Eine alberne Person, und ich begreife Nienkerken nicht."

„Ich begreife ihn vollkommen."

„Er kann sie doch nicht heiraten."

„Nein."

„Also zu was?"

„Ein weites Feld, Luise."

Aus dem Roman „Effi Briest"

Das ist das höchste Glück

(15. Oktober 1869)

Das ist das höchste Glück:
Alte Liebe kehrt täglich neu zurück;
Es bleibt beim Alten –
auch die Worte, die du im Ohr behalten.

So war Mitte Oktober herangekommen

Im Laden gab's viel zu tun, aber mitunter war doch ruhige Zeit, und dann ging Hradscheck abwechselnd in den Hof, um Holz zu spellen, oder in den Garten, um eine gute Sorte Tischkartoffeln aus der Erde zu nehmen. Denn er war ein Feinschmecker. Als aber die Kartoffeln heraus waren, fing er an, den schmalen Streifen Land, darauf sie gestanden, umzugraben. Überhaupt wurde Graben und Gartenarbeit mehr und mehr seine Lust, und die mit dem Spaten in der Hand verbrachten Stunden waren eigentlich seine glücklichsten.

Und so beim Graben war er auch heute wieder, als die Jeschke, wie gewöhnlich, an die die beiden Gärten verbindende Heckentür kam und ihm zusah, trotzdem es noch früh am Tage war.

„De Tüffeln sinn joa nu rut, Hradscheck."

„Ja, Mutter Jeschke, seit vorgestern. Und war diesmal 'ne wahre Freude; mitunter zwanzig an einem Busch und alle groß und gesund."

„Joa, joa, wenn een's Glück hebben sall. Na, Se hebben't, Hradscheck. Se hebben Glück bi de Tüffeln un bi de Malvesieren ook. I, Se möten joa woll'n Scheffel runnerpflückt hebb'n."

„O mehr, Mutter Jeschke, viel mehr."

„Na, bereden Se't nich, Hradscheck. Nei, nei. Man sall nix bereden. Ook sien Glück nich."

Und damit ließ sie den Nachbar stehn und humpelte wieder auf ihr Haus zu.

Hradscheck aber sah ihr ärgerlich und verlegen

nach. Und er hatte wohl Grund dazu. War doch die Jeschke, so freundlich und zutulich sie tat, eine schlimme Nachbarschaft und quacksalberte nicht bloß, sondern machte auch sympathetische Kuren, besprach Blut und wusste, wer sterben würde. Sie sah dann die Nacht vorher einen Sarg vor dem Sterbehause stehn. Und es hieß auch, „sie wisse, wie man sich unsichtbar machen könne", was, als Hradscheck sie seinerzeit danach gefragt hatte, halb von ihr bestritten und dann halb auch wieder zugestanden war. „Sie wisse es nicht; aber *das* wisse sie, dass frisch ausgelassenes Lammtalg gut sei, versteht sich: von einem ungeborenen Lamm und als Licht über einen roten Wollfaden gezogen; am besten aber sei Farnkrautsamen in die Schuhe oder Stiefel geschüttet." Und dann hatte sie herzlich gelacht, worin Hradscheck natürlich einstimmte. Trotz dieses Lachens aber war ihm jedes Wort, als ob es ein Evangelium wär, in Erinnerung geblieben, vor allem das „ungeborne Lamm" und der „Farnkrautsamen." Er glaubte nichts davon und auch wieder alles, und wenn er, seiner sonstigen Entschlossenheit unerachtet, schon vorher eine Furcht vor der alten Hexe gehabt hatte, so nach dem Gespräch über das Sich-unsichtbar-Machen noch viel mehr. Und solche Furcht beschlich ihn auch heute wieder, als er sie, nach dem Morgengeplauder über die „Tüffeln" und die „Malvesieren", in ihrem Hause verschwinden sah. Er wiederholte sich jedes ihrer Worte: „Wenn een's Glück hebben sall. Na, Se hebben't joa, Hradscheck. Awers bereden Se't nich." Ja, so waren ihre Worte gewesen. Und was war mit dem allem gemeint? Was sollte dies ewige Reden von Glück und wieder Glück? War es Neid, oder wusste sie's besser? Hatte sie doch vielleicht mit ihrem Hokuspokus ihm in die Karten gekuckt?

Während er noch so sann, nahm er den Spaten wieder zur Hand und begann, rüstig weiterzugraben. Er warf dabei ziemlich viel Erde heraus und war keine fünf Schritt mehr von dem alten Birnbaum, auf den der Ackerstreifen zulief, entfernt, als er auf etwas stieß, das unter dem Schnitt des Eisens zerbrach und augenscheinlich weder Wurzel noch Stein war. Er grub also vorsichtig weiter und sah alsbald, dass er auf Arm und Schulter eines hier verscharrten Toten gestoßen war. Auch Zeugreste kamen zutage, zerschlissen und gebräunt, aber immer noch farbig und wohlerhalten genug, um erkennen zu lassen, dass es ein Soldat gewesen sein müsse.

Wie kam der hierher?

Hradscheck stützte sich auf die Krücke seines Grabscheits und überlegte. „Soll ich es zur Anzeige bringen? Nein. Es macht bloß Geklätsch. Und keiner mag einkehren, wo man einen Toten unterm Birnbaum gefunden hat. Also besser nicht. Er kann hier weiter liegen." Und damit warf er den Armknochen, den er ausgegraben, in die Grube zurück und schüttete diese wieder zu. Während dieses Zuschüttens aber hing er all jenen Gedanken und Vorstellungen nach, wie sie seit Wochen ihm immer häufiger kamen. Kamen und gingen. Heut aber gingen sie nicht, sondern wurden Pläne, die

Besitz von ihm nahmen und ihn, ihm selbst zum Trotz, an die Stelle bannten, auf der er stand. Was er hier zu tun hatte, war getan, es gab nichts mehr zu graben und zu schütten, aber immer noch hielt er das Grabscheit in der Hand und sah sich um, als ob er bei böser Tat ertappt worden wäre.

Aus der Novelle „Unterm Birnbaum"

O trübe diese Tage nicht

O trübe diese Tage nicht,
sie sind der letzte Sonnenschein,
wie lange, und es lischt das Licht
und unser Winter bricht herein.

Dies ist die Zeit, wo jeder Tag
viel Tage gilt in seinem Wert,
weil man's nicht mehr erhoffen mag,
dass *so* die Stunde wiederkehrt.

Die Flut des Lebens ist dahin,
es ebbt in seinem Stolz und Reiz,
und sieh, es schleicht in unsern Sinn
ein banger, nie gekannter Geiz;

ein süßer Geiz, der Stunden zählt
und jede prüft auf ihren Glanz,
o sorge, dass uns keine fehlt
und gönn' uns jede Stunde *ganz*.

An Emilie

Und ging auch alles um und um
(21. Oktober 1868)

Und ging auch alles um und um,
in dir, in mir, ich lieb' dich *drum*,
ich lieb' dich *drum*, weil du mir bliebst,
ich lieb' dich *drum*, weil du vergibst,
ich lieb' dich, – ach warum „warum" –
und blieb' auch meine Lippe stumm,
ich lieb' dich *drum*, weil du mich liebst.

Barbara Allen

Es war im Herbst, im bunten Herbst,
wenn die rotgelben Blätter fallen,
da wurde John Graham vor Liebe krank,
vor Liebe zu Barbara Allen.

Seine Läufer liefen hinab in die Stadt
und suchten, bis sie gefunden:
„Ach, unser Herr ist krank nach dir,
komm, Lady, und mach ihn gesunden."

Die Lady schritt zum Schloss hinan,
schritt über die marmornen Stufen,
sie trat ans Bett, sie sah ihn an:
„John Graham, du ließest mich rufen."

„Ich ließ dich rufen, ich bin im Herbst,
und die rotgelben Blätter fallen –
hast du kein letztes Wort für mich?
Ich sterbe, Barbara Allen."

„John Graham, ich hab' ein letztes Wort,
du warst mein All und Eines;
du teiltest Pfänder und Bänder aus,
mir aber gönntest du keines.

John Graham, und ob du mich lieben magst,
ich weiß, ich hatte dich lieber,
ich sah nach dir, du lachtest mich an
und gingest lachend vorüber.

Wir haben gewechselt, ich und du,
die Sprossen der Liebesleiter:
Du bist nun unten, du hast es gewollt,
ich aber bin oben und heiter."

Sie ging zurück. Eine Meil' oder zwei,
da hörte sie Glocken schallen;
sie sprach: „Die Glocken klingen für ihn,
für ihn und für – Barbara Allen.

Liebe Mutter mach ein Bett für mich,
unter Weiden und Eschen geborgen;
John Graham ist heute gestorben um mich
und ich sterbe um ihn morgen."

An seine Frau

Mit großer Freude erseh' ich nicht nur aus den Worten, sondern, was wichtiger ist, aus dem Ton deiner Briefe, dass es dir besser geht. Ich will dich nicht mit Rechthaberei quälen, aber du tätest gut, wenn du in allen Gesundheitsfragen mehr auf deinen Mann hörtest. Ich darf wirklich sagen: Ich habe diese Fragen gründlich studiert, und da unsere nervösen Organismen sich sehr ähnlich sehen, so weiß ich auch ziemlich genau, was du tun musst, weil ich eben genau weiß, was *ich* zu tun habe. Ich habe die geheimnisvolle Kraft des Luft-, Orts- und Umgebungswechsels zu oft erprobt, seinen Segen

zu oft erfahren, als dass ich mich in diesen Dingen irren könnte. Ich kann natürlich nicht Pocken oder Cholera oder Magenkrebs durch Luftwechsel kurieren; aber solche Zufälle, an denen wir zu leiden pflegen, heil' ich unter neun Fällen von zehn durch bloßen *change of air*. Kommt dann noch so viel Liebes und Gutes hinzu, wie dir Neuhof (Wohnort einer Freundin) jedesmal bietet, so ist die Kur gemacht. Erwäge: man hat gegen sich selbst und fast noch mehr gegen andere die Pflicht, nicht mehr und nicht länger krank zu sein, als eben unvermeidlich ist: Man kürzt sich und andern dadurch die frohen Lebensstunden ab und gibt gar nichts dafür. Dass es an Bangen und Sorgen im Leben nicht fehlt, dafür ist ja ohnehin gesorgt; aber nun mache man auch dies Trübsalsmaß nicht voller, als nötig ist.

Nach dem Sturm

O frage nicht, warum noch itzt,
wo mir des Glückes Sonne leuchtet,
der Gram auf meiner Stirne sitzt
und oftmals mir das Auge feuchtet.

Sahst du das Meer? Hoch türmen dort
auch nach dem Sturm sich noch die Wogen;
die Bäume schau': sie tropfen fort,
wenn längst der Regen weggezogen.

Der Oktober ging auf die Neige

Der Oktober ging auf die Neige, trotzdem aber waren noch schöne warme Tage, sodass man sich im Freien aufhalten und die Hradschecksche Kegelbahn benutzen konnte. Diese war in der ganzen Gegend berühmt, weil sie nicht nur ein gutes waagerechtes Laufbrett, sondern auch ein bequemes Kegelhäuschen und in diesem zwei von aller Welt bewunderte buntglasige Kuckfenster hatte. Das gelbe sah auf den Garten hinaus, das blaue dagegen auf die Dorfstraße samt dem dahinter sich hinziehenden Oderdamm, über den hinweg dann und wann der Fluss selbst aufblitzte. Drüben am andern Ufer aber gewahrte man einen langen Schattenstrich: die neumärkische Heide.

Aus der Novelle „Unterm Birnbaum"

Noch ist der Herbst nicht ganz entflohn

Es fällt das Laub wie Regentropfen
so zahllos auf die Stoppelflur;
matt pulst der Bach wie letztes Klopfen
im Todeskampfe der Natur.

Spätherbst

Schon mischt sich Rot in der Blätter Grün,
Reseden und Astern im Verblühn,
die Trauben geschnitten, der Hafer gemäht,
der Herbst ist da, das Jahr wird spät.

Und doch (ob Herbst auch) die Sonne glüht –
weg drum mit der Schwermut aus deinem Gemüt!
Banne die Sorge, genieße, was frommt,
eh Stille, Schnee und Winter kommt.

Im Herbst

Es fällt das Laub wie Regentropfen
so zahllos auf die Stoppelflur;
matt pulst der Bach wie letztes Klopfen
im Todeskampfe der Natur.

Still wird's! Und als den tiefen Frieden
ein leises Wehen jetzt durchzog,
da mocht' es sein, dass abgeschieden
die Erdenseele aufwärts flog.

Der kranke Baum

Der Herbst ist wieder kommen
und hat den Wald entlaubt;
Wieviel er auch genommen,
mir hat er nichts geraubt.

Ich trug ja keine Blüten,
kein hoffnungsgrünes Blatt,
da mich des Winters Wüten
zu tief verwundet hat.

Wann hab' ich ausgelitten?!
– Ein Sturmwind braust daher! –
Erhört er meine Bitten,
so währt's nicht lange mehr.

Mit „Die Poggenpuhls"

Hin ist die Zeit der Herbstzeitlose,
nun kommt der Winter und seine Moose,
genehmigen Sie zum Feste Juls
(sechs Wochen zu früh) „Die Poggenpuhls".

Noch ist Herbst nicht ganz entflohn

Noch ist Herbst nicht ganz entflohn,
aber als Knecht Ruprecht schon
kommt der Winter hergeschritten,
und alsbald aus Schnee'es Mitten
klingt des Schlittenglöckleins Ton.

Und was jüngst noch, fern und nah,
bunt auf uns herniedersah,
weiß sind Türme, Dächer, Zweige,
und das Jahr geht auf die Neige,
und das schönste Fest ist da.

Tag du der Geburt des Herrn,
heute bist du uns noch fern,
aber Tannen, Engel, Fahnen
lassen uns den Tag schon ahnen,
und wir sehen schon den Stern.

Der erste Schnee

Herbstsonnenschein. Des Winters Näh'
verrät ein Flockenpaar;
es gleicht das erste Flöckchen Schnee
dem ersten weißen Haar.

Noch wird – wie wohl von lieber Hand
der erste Schnee dem Haupt –
so auch der erste Schnee dem Land
vom Sonnenstrahl geraubt.

Doch habet acht! mit einem Mal
ist Haupt und Erde weiß,
und Liebeshand und Sonnenstrahl
sich nicht zu helfen weiß.

Biografie

Theodor

Am 30. Dezember 1819 wird Theodor Fontane in Neuruppin geboren.

1827   Umzug der Familie nach Swinemünde.
1832   Eintritt in das Gymnasium zu Neuruppin.
1836   Beginn der Apotheker-Lehrzeit in Berlin.
1839   Die erste Novelle „Geschwisterliebe" erscheint in der Zeitschrift „Berliner Figaro".
1841   Tätigkeit als Apothekergehilfe in Leipzig und Dresden
1842   Rückkehr nach Letschin. Mitarbeit in der väterlichen Apotheke.
1844   Erste Reise nach England.

1847	Approbation als Apotheker erster Klasse.
1848	Teilnahme an den Barrikadenkämpfen in Berlin. Anstellung im Krankenhaus Bethanien.
1849	Beginn des Wirkens als freier Schriftsteller.
1850	Heirat mit Emilie Rouanet-Kummer.
1851	Geburt des ersten Sohnes.
1852	Korrespondent in London.
1855	Beginn des mehrjährigen Aufenthaltes in London.
1859	Rückkehr nach Berlin.

Fontanes Geburtshaus in Neuruppin heute

1862	Beginn der Arbeiten an den „Wanderungen durch die Mark Brandenburg", die bis 1882 in 4 Bänden erschienen.
1864	Reise nach Schleswig Holstein und Dänemark.
1870	Beginn des Wirkens als Theaterrezensent für die Vossische Zeitung.
1872	Umzug in die Potsdamer Straße 134c in Berlin.
1874	Italienreise mit seiner Frau.
1878	Roman „Vor dem Sturm".
1880	Roman „Grete Minde".
1883	Roman „Schach von Wuthenow".
1888	„Irrungen, Wirkungen".

1893	„Frau Jenny Treibel".
1895	Beginn der Arbeit am „Stechlin".
1896	„Effi Briest".
1897	Beendigung des „Stechlin".
1898	Fontane stirbt am 20. September in Berlin.

Fontane-Denkmal in Neuruppin

Bildverzeichnis